CATALOGUE

D'UNE COLLECTION

DE

TABLEAUX

DES DIFFÉRENTES ÉCOLES,

DONT LA VENTE AURA LIEU

HOTEL DES VENTES,

RUE DES JEUNEURS, N. 16,

SALLE N. 1,

Les Vendredi 5 et Samedi 6 Mars 1847,

A MIDI.

Par le ministère de M **BONNEFONS DE LAVIALLE**,
Commissaire-Priseur, rue Choiseul, 11,

Assisté de M. GÉRARD, Peintre-Expert, impasse Mazagran, 6.

EXPOSITION PUBLIQUE

Le Vendredi jour de la vente, de 11 heures à 2 heures.

Paris.

IMPRIMERIE ET LITHOGRAPHIE DE MAULDE ET RENOU,
RUE BAILLEUL, 9-11, PRÈS DU LOUVRE.   3196

1847

CATALOGUE

D'UNE COLLECTION

DE

TABLEAUX

DES DIFFÉRENTES ÉCOLES,

DONT LA VENTE AURA LIEU

HOTEL DES VENTES

RUE DES JEUNEURS, N. 16,

SALLE N, 1,

Les Vendredi 5 et Samedi 6 Mars 1847,

A MIDI,

Par le ministère de Me BONNEFONS DE LAVIALLE, Commissaire-Priseur, rue de Choiseul, 11,

Assisté de M. GÉRARD, peintre-expert, impasse Mazagran, 6.

EXPOSITION PUBLIQUE

Le Vendredi jour de la vente de 11 heures à 3 heures.

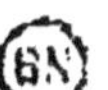

PARIS

IMPRIMERIE ET LITHOGRAPHIE DE MAULDE ET RENOU,
Rue Bailleul, 9 et 11, près du Louvre.

1847

3196

Conditions de la Vente.

Elle sera faite au comptant.

Les adjudicataires paieront en sus des adjudications, 5 pour cent applicables aux frais.

DÉSIGNATION

DES TABLEAUX

1 — ORISONTI. — Deux tableaux : Paysage, sites d'Italie ornés de figures.

2 — ECOLE ITALIENNE. — Agar présentée à Abraham.

3 — Saint Laurent tenant la palme du martyre ; grande figure sur fond de paysage.

4 — DUBOIS (Étienne). — Intérieur du Cloître de Sainte-Marie-Nouvelle, à Florence, exposé au Salon de 1827.

5 — Mademoiselle VOLPELIÈRE. — Jeune princesse de Souabe allaitant l'enfant d'une pauvre mendiante, qui allait périr ; exposé au Salon de 1824.

6 — REGNIER. — Ruines d'un ancien monastère près d'un cimetière.

7 — GERARD DE LA NOTE. — Un homme coiffé d'uu chapeau rouge.

8 — REMBRANDT (Genre de).—Intérieur d'une forêt, site sauvage.

9 — ECOLE ITALIENNE. — Agar présentée à Abraham.

10 — ECOLE MODERNE. — Une Danaé.

11 — DEWITT (Emmanuel).—Temple protestant, belle architecture, et orné de figures.

12 — MIRVELT. — Portrait d'un magistrat hollandais.

13 — BOUCHER (D'après). — Vénus et l'Amour.

14 — ANNÉE (Charles). — Sujet tiré d'un roman de Walter-Scott.

15 — ROUBIAU (D'après). — Une Frascatanne assise.

16 — VAN BLOEMEN (dit L'ORISONTA). — Paysage, site d'Italie, avec pâtres et bestiaux.

17 — REYNOLS (Attribué à).— Portrait presque en pied d'une jeune dame anglaise. Elle est placée dans un bois et tient de la main gauche une branche de lierre arrachée à un arbre sur lequel elle trace le nom de Henri.

18 — ASSELIN. — Paysage avec ancien port fortifié; sur le devant, des pêcheurs retirent un filet de la rivière.

19 —, MICHEL. — Paysage avec grande route, vue prise aux environs de la capitale, et ornée de figures et bestiaux.

20 — GERARD. — Vue du port et de la ville de Nantes.

21 — GOBERT (Mademoiselle). — L'empereur visitant le fort de la tour de l'Ordre, au camp de Boulogne.

22 — TANNEUR. — Une frégate sons voiles, et une autre dans le lointain tirant le canon.

23 — DEHEUSS (Jacob). — Paysage marine représentant un port de la Méditerranée.

24 — WATTEAU. — Entrée d'un parc; sur le devant deux dames se reposent : l'une, assise à terre, regarde hors du tableau ; l'autre écoute les plaisanteries d'un arlequin qui a derrière lui un autre jeune homme déguisé en villageois.

25 — UN MODERNE. — Sainte Cécile écoute les accords d'un concert céleste.

26 — BRUANDET. — Paysage avec route traversant un bois.

27 — GREUZE (M. Baptiste d'après). — Le Gâteau des Rois.

28 — Le même. — Le Retour de la chasse.

29 — LANCRET (D'après). — Les Quatre Eléments. Cet article sera divisé.

30 — GREUZE (Ecole de). — Tête de jeune
    fille.

31 — Jeune Fille le sein découvert.
        Ces deux tableaux, de forme ovale, sont
        d'une grande finesse.

32 — RAPHAEL (D'après). — La Vierge, l'enfant
        Jésus et saint Jean (dite la Vierge à la
        chaise).

33 — SCHELESINGERS (D. H.) — Les Séductions
        de la vie. Composition de 4 figures d'une
        admirable beauté.

34 — LE MÊME. — La Sortie de l'Eglise.

35 — HEEM (DAVID de).— Un Bouquet de fleurs.

36 — GUIDE (D'après le). — Le Christ au Roseau
        (pastel).

37 — LE MÊME. — La Madelaine en prière (idem).

38 — BAPTISTE (M.). — L'ancien Coq de village.
        La pièce curieuse.
        — La lecture.
        Une jeune fille montrant une image.

39 — VILLERET (M.). — Vue de la cathédrale de
        Bourges.

39 bis. — Le coin de rue.

40 — VERNET (Joseph). — Marine, effet de tem-
        pête.

41 — LAURI (Philippe). — Paysage avec satyre
        et faunes.

42 — RUBENS (Ecole de). — L'arc-en-ciel, paysage.

43 — ECOLE FRANÇAISE. — Portrait présumé celui de Gentil-Bernard.

44 — Id. Portrait de Voltaire.

45 — Id. Portrait du duc de Bourgogne.

46 — Id. Tête d'enfant. Pastel d'après Greuze.

47 — Id. Tête de jeune fille.   id.   id.

48 — VAN BLOEMEN. — Plusieurs chevaux.

49 — BOUCHER. — Paysage avec bergère tenant une cage.

50 — MIGNARD. — Portrait de Mlle de Fontange.

51 — VAN DYCK (d'après). — Le crucifiement.

52 — SCHALKEN. — Un effet de lumière.

53 — BOUCHER. — L'histoire, figure allégorique.

54 — Portrait de Mme Rolland.

55 — SEBASTIEN BOURDON. — L'Annonciation.

56 — PHILIPPE DE CHAMPAGNE. — Portrait d'un chanoine.

57 — ECOLE FRANÇAISE. — Zéphyre et Psyché.

58 — Sainte Catherine d'Alexandrie.

59 — GREUZE (d'après). — Tête de jeune fille.

60 — ECOLE DE RAPHAEL. — Une tête.

61 — RIGAUD. — Portrait de Lamoignon.

62 — VELASQUES. — Portrait de femme.

63 — ECOLE HOLLANDAISE. — L'amiral Tromp tenant un verre.

64 — ROBERT. — Vue prise dans les catacombes
de Rome.

65 — Un portrait d'homme, forme ovale.

66 — Un autre portrait, même forme.

67 — ANDRE DEL SARTE. — Tête de femme.

68 — LARGILLIERE. — Portrait d'homme.

69 — LELLY. — Portrait de femme.

70 — Portrait. Callot, graveur.

71 — Un paysage hollandais.

72 — Autre site, même école.

73 — TAUNAY. — Environs de Messine, accompagné de la gravure.

74 — SEBASTIEN BOURDON. — Le Christ au
tombeau, avec la gravure.

75 — Paysage flamand.

76 — VAN DYCK (D'après). — Le Joueur de cor-
nemuse.

77 — Paysage flamand.

78 — Autre site, même école.

79 — Autre vue. id. id.

80 — ECOLE FRANÇAISE.—Hercule et Omphale.

81 — PAR DIVERS. — Portrait de femme et petit
Amour tenant de la musique.

82 — Quatre femmes dans la sacristie d'une église.

83 — Sujet d'histoire; esquisse.

84 — Vierge et Enfant, ovale.

85 — Portrait de femme, par Jaunet.

86 — Saint François mourant, par Franck, sur cuivre.

87 — Femme couchée dans un paysage.

88 — Sujet d'histoire, par un moderne.

89 — Des soldats, tableau italien.

90 — Port de mer avec vaisseaux.

91 — Monuments en ruines.

92 — Le beau Narcisse.

93 — Chèvre allaitant un enfant.

94 — Le vœu de Louis XIII.

95 — Les pélerins d'Emmaüs.

96 — Un port de mer avec nombreux personnages.

97 — Paysage; effet d'hiver.

98 — RIGAUD (Attribué à). — Deux portraits, homme et femme.

99 — INCONNU. — Beau portrait d'un médecin célèbre.

100 — Dito. — La sainte Céne, bon tableau sur bois.

101 — Dito. — Mariage mystique de sainte Catherine.

102 — Dito. — La Tentation de saint Antoine.

103 — Dito. — Un tableau de fleurs, esquisse.

104 — Dito. — Portrait de mademoiselle de Fontanges.

105 — INCONNU. — Le Portement de Croix.

106 — BOUCHER (Ecole de). — Une jeune fille.

107 — REMBRANDT (Ecole de). Femme avec chapeau à plume.

108 — BAPTISTE. — Un tableau de fleurs.

109 — LEMOINE. — Hercule et Omphale.

110 — Claude GELÉE. — Paysage : effet de soleil couchant. Au premier plan, près des ruines d'un ancien monument, le peintre a placé le sujet de Bélisaire accompagné de son guide.

111 — BERCHEM. — Bergers gardent un troupeau dans un beau paysage. Effet de soleil couchant.

112 — FRANCK. — Le Rédempteur vient de naître au milieu d'une étable où les bergers viennent l'adorer.

113 — MICHAU. — Deux paysages formant pendants, ornés de figures.

114 — SCHALL. — La famille du duc de Penthièvre. Composition de sept figures.

115 — TENIERS. — Buveur tenant une cruche.

116 — ECOLE FRANÇAISE. — Moïse frappant le rocher ; riche composition très spirituellement touchée.

117 — FRAGONARD. — Le Déjeuner. Une jeune fille très coquettement habillée et assise devant une table. Ce tableau a fait partie de la collection du prince de Rohan.

118 — OSTADE (Ad.). — Un buveur, coiffé d'un chapeau avec plume, tient sa cruche des deux mains.

119 — GOTHIQUE. — Portrait d'homme à genoux et faisant sa prière.

120 — Du MÊME. — Portrait de femme dans la même situation.

Ces deux portraits portent les armoiries de leur famille, et sont bien conservés

121 — DE VOS (Martin). L'infante Isabelle d'Espagne, gouvernante des Pays-Bas.

121 bis — DIETRICK. — Portrait d'un riche personnage, en costume du temps.

122 — MICHAUX. — Deux petits paysages. Pendants.

123 — RUYSDAEL (genre de). — Petit paysage avec moulin à vent.

124 — UN MODERNE. — Paysage ayant à gauche une abbaye.

125 — ROUMY. — La Croix de pierre.

126 — Ancien ponte Rotto, à Rome.

127 — BURTEL. — Paysage orné de figures.

128 — DESCHAMP. — Plusieurs paysages sous ce numéro.

129 — DUBOIS. — Le sommeil d'une bacchante.

130 — Les Passe-temps du hameau.

131 — Les Fleurs. — Les Fruits. — Marche de Silène.

132 — OSTADE (d'après). — Le Bénédicité.

133 — Le Marchand d'élixir.

134 — METZU (d'après). — Le Marché aux herbes.

135 — TEMPESTE. — Marine, effet de tempête et naufrage.

136 — ESEN. — Zéphyre et Flore.

137 — COYPEL. — Vénus et l'Amour.

138 — VERNET (genre de). — Port de mer.

139 — LEMOINE. — Amours portant une corbeille de fleurs.

140 — JULIARD. — Paysage orné de figures.

141 — RUTARTS (genre de). — Chasse au tigre.

142 — ROUFF — Vue prise en Flandre.

143 — Vue prise sur les bords de la Loire.

144 — Souvenir de Normandie. Effet de soleil couchant. Marine.

145 — Vue d'Amiens, sur les bords de la Somme.

146 — Marine.

147 — Paysage composé.

148 — Vue prise d'après nature sur les bords de la Seine.

149 — Petit tableau. Paysage ancien.

150 — Deux esquisses, d'après les anciens maîtres.

151 — Vue prise aux environs de Brest.

152 — FRANCK (M.). — Plusieurs biches, et site pris au Jardin des Plantes.

153 — DEMARNE. — Très beau dessin signé.

154 — ROMAIN (Jules). — Le Massacre des Innocents.

155 — Tous les tableaux et dessins non catalogués seront vendus sous ce numéro.

Imp. MAULDE et RENOU, rue Bailleul, 9 et 11

* 9 7 8 2 3 2 9 0 7 6 8 9 8 *